mes grandes découvertes
GALLIMARD JEUNESSE

L'aventure des pirates

Sommaire

COMMENT ACCÉDER AU SITE INTERNET DU LIVRE

1 - SE CONNECTER
Tape l'adresse du site dans ton navigateur et ajoute-la dans tes favoris :
www.decouvertes-gallimard-jeunesse.fr/6-9

2 - DÉCOUVRIR DES LIENS INTERNET
Une sélection de liens Internet sur le thème du livre et adaptés à ton âge t'est proposée.

3 - CHOISIR UN LIEN
Clique sur le lien qui t'intéresse et découvre des quiz, des vidéos, des jeux, des animations 3D, des bandes sonores, des visites virtuelles, des bases de données, des chronologies ou des reportages.

4 - TÉLÉCHARGER DES IMAGES
Une galerie de photos est accessible sur notre site pour ce livre. Tu pourras y télécharger des images libres de droits pour un usage personnel et non commercial.

IMPORTANT
- Demande toujours la permission à un adulte avant de te connecter au réseau Internet.
- Ne donne jamais d'informations sur toi.
- Si un site te demande de t'inscrire avec ton nom et ton adresse e-mail, demande d'abord la permission à un adulte.
- Ne réponds jamais aux messages d'un inconnu, parles-en à un adulte.

NOTE AUX PARENTS : Gallimard Jeunesse vérifie et met à jour régulièrement les liens sélectionnés, leur contenu peut cependant changer. Gallimard Jeunesse ne peut être tenu pour responsable que du contenu de son propre site. Nous recommandons que les enfants utilisent Internet en présence d'un adulte, ne fréquentent pas les *chats* et utilisent un ordinateur équipé d'un filtre pour éviter les sites non recommandables.

Qu'est-ce qu'un pirate ?

Le méchant capitaine Crochet est l'adversaire de Peter Pan.

Les pirates attaquaient navires et ports pour amasser du butin. Mais qui étaient ces pillards ? S'agissait-il de héros romantiques, de hardis aventuriers ou de bandits sans pitié ?

Les pirates imaginaires

Beaucoup d'histoires de pirates sont issues de l'imagination des écrivains et des cinéastes. Même l'idée que nous nous faisons d'eux repose en grande partie sur des légendes.

Des témoignages écrits

On connaît la vie de vrais pirates grâce à quelques documents fiables : des confessions de pirates au cours de leur procès, des journaux de bord et même les carnets d'un chirurgien embarqué sur un bateau pirate.

Pièce d'or trouvée sur le Whydah

TEYE est peut-être le nom du pirate qui portait cette bague.

Les objets retrouvés

Des bouteilles, des chopes, des boucles en cuivre, découvertes aux endroits où les pirates séjournaient à terre, renseignent sur leur mode de vie et sur leurs activités.

L'attrait des richesses

La piraterie pouvait séduire par différents aspects : la liberté, l'absence de lois, l'égalité. Mais tous les pirates étaient surtout persuadés qu'ils pouvaient s'enrichir très rapidement.

Les pirates s'habillaient à la mode de leur époque.

La découverte du *Whydah*

En 1984, des explorateurs sous-marins ont découvert l'épave du *Whydah* au Cap Cod (États-Unis). Ils y ont trouvé des richesses, des armes et des objets personnels. Ce bateau pirate appartenait au capitaine Sam Bellamy et fit naufrage en 1717.

Le butin de Bellamy provenait de plus de cinquante navires.

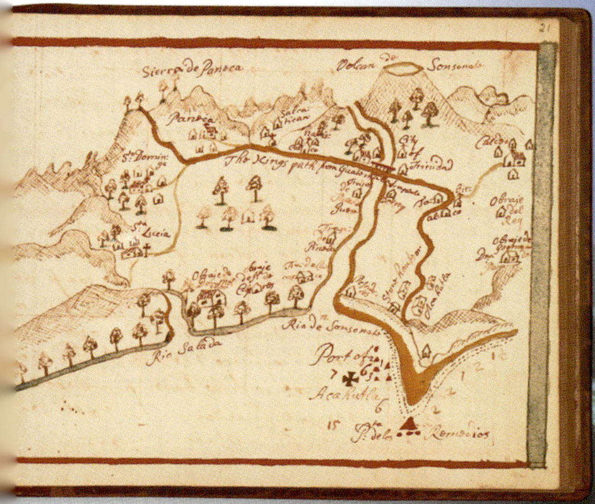

Les témoignages des épaves

Les indices fournis par les épaves de bateaux pirates diffèrent de ceux des navires marchands ou guerriers. Ainsi, les archéologues peuvent reconstituer la réalité de la vie des pirates.

Où opéraient-ils ?

Au fil de l'histoire, des pirates ont fréquenté les mers et les océans du monde entier. Certains groupes de pirates ont reçu des noms différents.

Les boucaniers

Au XVIIe siècle, on appelait boucaniers les pirates qui se livraient au pillage à partir de bases situées dans la mer des Antilles.

Edward Teach (Barbe-Noire) était l'un des pirates les plus craints des Antilles au début du XVIIIe siècle.

À retenir

Flibustier Autre nom, d'origine hollandaise, désignant un pirate.

Guerre de course Terme désignant la piraterie dans la Méditerranée et la piraterie au profit d'un État dans l'Atlantique ou l'océan Indien.

Les corsaires de l'Atlantique

En temps de guerre, certains capitaines recevaient l'autorisation d'attaquer les navires des pays ennemis. Ils devenaient souvent pirates une fois la guerre finie.

Les Vikings venus du Nord ont été redoutés pendant plus de trois cents ans.

Les premiers pirates ont terrorisé l'équipage des bateaux marchands dès l'Antiquité.

Au Moyen Âge déjà, les pirates attaquaient les bateaux au large de la Chine et de l'Asie du Sud-Est.

Henry Every (1665-vers 1728) s'est rendu très célèbre dans l'océan Indien.

Les corsaires de la Méditerranée

Du XVe au XVIIe siècle, les corsaires barbaresques musulmans d'Afrique du Nord et les corsaires chrétiens de Malte se sont fait concurrence en Méditerranée dans le pillage des navires.

Les premiers pirates

Il y a deux mille cinq cents ans, des pirates menaçaient déjà le commerce maritime, toujours prêts à fondre sur les navires marchands lourdement chargés qui sillonnaient la mer Méditerranée.

Les pirates et les mythes
La crainte d'être enlevé par les pirates a donné naissance à des légendes : ici, les pirates tentent de capturer un dieu pour obtenir une rançon.

Les bateaux lourdement chargés longeant les côtes étaient des proies faciles.

Toujours prêts à l'attaque
Les innombrables îles de la mer Égée offraient de superbes cachettes aux pirates, où ils pouvaient tranquillement attendre le passage des bateaux marchands.

Des proies tentantes

Les bateaux marchands phéniciens transportaient de précieuses cargaisons d'argent, d'étain, de cuivre et d'ambre dans toute la Méditerranée. Des bateaux de guerre tentaient de les protéger.

Ces pièces phéniciennes étaient fabriquées avec de l'argent venant d'Espagne.

Les lourds bateaux de commerce à la grosse coque arrondie étaient lents et n'avançaient qu'à la voile.

L'éperon pointu (le rostre), à l'avant de la galère pirate, éventrait le bateau marchand.

Cette coupe grecque montre une galère pirate attaquant un bateau de commerce grec.

La rapidité

Les galères légères, effilées, à fond plat des pirates avançaient à la rame. Rapides et faciles à manœuvrer, elles pouvaient aussi se rapprocher du rivage.

Une activité lucrative

Dans l'Empire romain, les pirates vendaient un bon prix les cargaisons volées de blé, de vin et d'huile d'olive, ainsi que les esclaves kidnappés.

La chasse aux pirates

En 67 av. J.-C., une puissante flotte romaine commandée par Pompée a fondu sur les pirates, pendant que l'armée s'attaquait aussi à leur base située en Cilicie.

Des guerriers venus du Nord

Du VIIIe au XIe siècle, les Vikings, à la fois guerriers, navigateurs et commerçants, ont dominé la mer du Nord. Venus des pays scandinaves (Norvège, Suède et Danemark actuels), ils ont effectué de multiples raids dévastateurs.

Épée large

Pointe de flèche

Casque

Puissance et gloire

La Scandinavie est une région froide et rude. Ses habitants, qui vivaient de la pêche, de l'agriculture et du commerce, rêvaient aussi d'aventure, de richesses et de gloire.

C'est après la mort de Charlemagne (814) que les Vikings lancèrent leurs raids en France.

Bouclier rond en bois

La quille robuste résistait bien aux tempêtes.

L'aviron de gouverne était fixé à l'arrière du bateau.

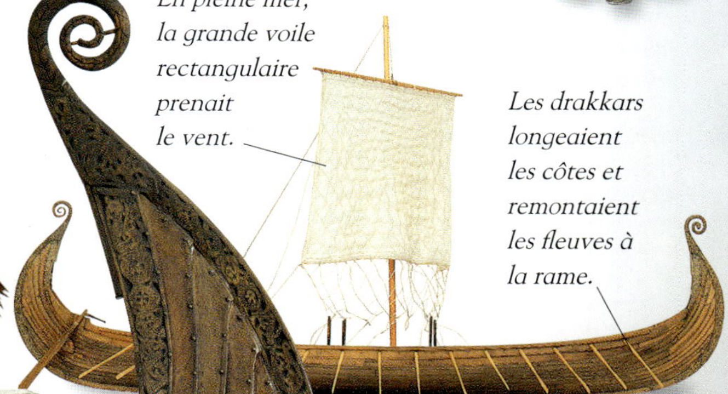

En pleine mer, la grande voile rectangulaire prenait le vent.

Les drakkars longeaient les côtes et remontaient les fleuves à la rame.

Des pillards audacieux

Guerriers redoutables, les Vikings traversaient la mer du Nord, attaquaient les bateaux, pillaient les abbayes et les villes d'Europe de l'Ouest. Ils remontèrent les fleuves jusqu'en Bourgogne !

Avec l'or volé, les Vikings fabriquaient des bijoux.

Le drakkar

Cet excellent bateau long, étroit et d'un faible tirant d'eau a mené les Vikings jusqu'en Amérique du Nord !

Le butin

Les Vikings s'emparaient d'objets de valeur, de bijoux, de pièces de monnaie et de vêtements précieux. Ils les revendaient un bon prix dans d'autres pays ou les emportaient en Scandinavie.

Quand les villageois et les moines voyaient s'approcher les drakkars, ils étaient terrorisés.

Proue sculptée représentant une tête d'animal fantastique, serpent ou dragon

À retenir

- Les femmes vikings apprenaient à manier les armes pour pouvoir se défendre.
- En 911, le roi Charles III le Simple donna la Normandie au chef viking Rollon pour arrêter les invasions.

Les corsaires barbaresques

Chrétiens et musulmans se sont combattus durant les croisades.

À partir de la fin du XIe siècle, et plus particulièrement au XVIe siècle, chrétiens et musulmans se sont affrontés pour contrôler la Méditerranée et son pourtour. Les pirates musulmans étaient appelés corsaires barbaresques.

Céramique décorative musulmane

Le sort des captifs

Les riches chevaliers chrétiens capturés pouvaient payer une rançon. Les captifs pauvres ramaient sur les galères barbaresques, puis étaient vendus comme esclaves.

La galère barbaresque

Le bateau élancé des Barbaresques, commandé par un *rais,* était propulsé à la rame par des esclaves et ne pouvait pas rester longtemps en mer : les réserves d'eau et les vivres pour nourrir tout le monde à bord s'épuisaient rapidement.

Chaque rame était maniée par six esclaves.

Les galères avaient une grande voile triangulaire et une coque élancée.

Dragut Rais était un capitaine barbaresque redouté.

Les ports de l'Afrique du Nord servaient de bases aux corsaires barbaresques.

Les Européens les nommaient les frères Barberousse à cause de leur barbe.

Des frères redoutés

Deux corsaires turcs du XVIe siècle, Kheir ed-Din et Aruj, ont fait fortune en s'emparant de galères du pape, de navires de guerre espagnols et de bateaux de commerce.

Batailles navales

Quand une galère barbaresque avait rejoint un bateau à la rame, une centaine de soldats particulièrement entraînés le prenaient d'assaut et maîtrisaient l'équipage.

Les corsaires barbaresques s'emparèrent facilement d'un grand nombre de navires des royaumes chrétiens d'Europe.

La riposte maltaise

En 1530, des chevaliers chrétiens s'installèrent sur l'île de Malte, en Méditerranée, pour s'opposer à la domination barbaresque.

La croix de Malte

Les huit pointes de la croix des chevaliers de Malte évoquent les huit règles qu'ils respectaient, parmi lesquelles la vérité, la foi, la justice et la sincérité.

De vaillants chevaliers

Ces corsaires maltais portaient une solide cuirasse en métal. Ils combattaient avec une rapière dans une main et une dague dans l'autre.

Du château avant, les corsaires maltais sautaient à l'abordage des galères barbaresques.

Les galères manœuvraient facilement grâce aux voiles triangulaires.

La forme des casques déviait les coups d'épée.

Les Maltais préféraient les armes à feu, les Barbaresques les combats à l'épée.

Les galères maltaises

Aussi rapides et élancées que celles des Barbaresques, les galères des corsaires maltais disposaient de deux grandes voiles triangulaires et de moins de rames. Elles comptaient aussi plus de canons.

Bouclier rond italien (targe) orné de motifs gravés simples

Des fortifications

Quand les chevaliers sont arrivés à Malte, ils ont construit des fortifications, des hôpitaux et des églises. Après l'attaque turque de 1565, il a fallu reconstruire les défenses de l'île.

Passé aux Turcs

Des pirates européens, comme sir Francis Verney, ont participé aux côtés des Barbaresques à des expéditions vers l'Irlande et l'Islande.

Les ports de Malte étaient très bien fortifiés.

Une victoire éclatante

Le dernier grand affrontement de galères eut lieu en 1571, à Lépante, au large de la Grèce. Une importante flotte chrétienne de 268 galères et navires affronta victorieusement la puissante flotte turque. Pas moins de 117 galères turques sur 300 furent détruites, mais, un an plus tard, la flotte turque était reconstituée !

Le Nouveau Monde

Après la découverte de l'Amérique en 1492, les Espagnols ont rapporté quantité d'or et d'argent du « Nouveau Monde ». Quand d'autres royaumes d'Europe et des pirates l'ont su, ils ont cherché à s'emparer d'une partie de ce trésor.

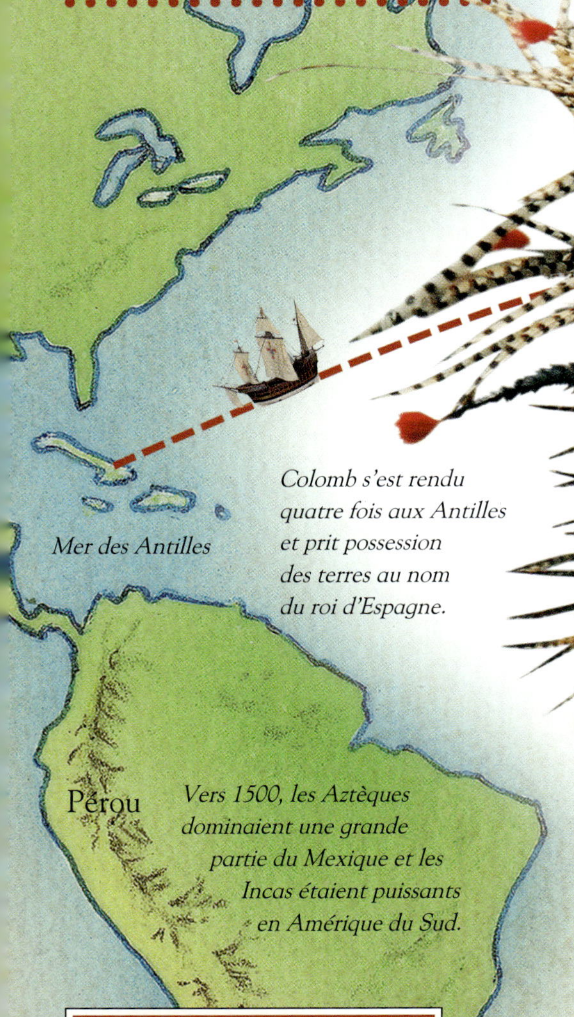

Colomb s'est rendu quatre fois aux Antilles et prit possession des terres au nom du roi d'Espagne.

Vers 1500, les Aztèques dominaient une grande partie du Mexique et les Incas étaient puissants en Amérique du Sud.

La route du commerce vers l'Ouest

En cherchant un nouvel itinéraire vers l'Asie, Christophe Colomb a traversé l'océan Atlantique et atteint les Bahamas, où il rencontra les « Indiens » qui peuplaient ces îles.

Les Incas utilisaient l'or comme ornement ou pour honorer leurs dieux, et non comme monnaie.

L'Empire espagnol

D'autres aventuriers espagnols ont suivi Colomb et conquis une grande partie de l'Amérique, du Mexique au Pérou, créant l'Empire espagnol.

À retenir

- Les galions étaient chargés de richesses au Mexique ou au Panamá; puis ils se rassemblaient à Cuba pour regagner l'Europe.
- Près de cent navires chargés d'or traversaient l'Atlantique en convoi deux fois par an.

Les flottes de l'or

Le pirate Jean Florin a été le premier à attaquer les caravelles chargées d'or revenant d'Amérique, en 1523. Après cela, les Espagnols ont organisé des convois de gros galions bien armés.

Les pirates attaquaient les bateaux espagnols chargés de richesses au début de leur voyage.

Les caravelles de Colomb s'appelaient la Niña, *la* Pinta *et la* Santa María.

Les galions pouvaient transporter deux cents hommes et soixante canons, mais ils étaient plus lents que les bateaux pirates.

Le roi et la reine d'Espagne ont favorisé les voyages de Christophe Colomb.

Avant 1492, les cartes ne mentionnaient pas l'Amérique. Il n'y avait que de la mer entre l'Afrique et l'Asie.

Une avidité destructrice

Les conquistadors convoitaient l'or et l'argent des Aztèques et des Incas. À la fois avides et impitoyables, ils ont anéanti ces anciennes civilisations de l'Amérique précolombienne.

Ami ou ennemi ?

Au Mexique, les Aztèques ont d'abord pris l'Espagnol Hernán Cortés pour l'incarnation d'un dieu. Très vite, l'armée du conquistador a détruit leur capitale (1521).

Pour payer sa rançon (1533), l'empereur inca Atahualpa fit remplir une pièce d'objets d'or. Il fut quand même tué.

Les précieux objets aztèques ont été compressés ou fondus pour prendre moins de place au transport.

Les corsaires

Des royaumes ennemis de l'Espagne, comme la France ou l'Angleterre, armèrent des navires pour s'emparer de l'or des Espagnols. Leurs capitaines attaquaient les galions chargés de trésors, qu'ils rapportaient à leur souverain.

Le favori de la reine

La reine Élisabeth Ire d'Angleterre a protégé trois célèbres corsaires : Thomas Cavendish, John Hawkins et Francis Drake. Elle surnommait Drake « son pirate », car il l'avait rendue très riche.

Ami ou ennemi ?

Grâce à sa longue-vue, le capitaine corsaire pouvait reconnaître le pavillon du bateau repéré. Il hissait alors le drapeau d'un pays ami pour s'en approcher. Ensuite, à l'aide d'un porte-voix, il exigeait sa reddition.

LES JAMBES DE BOIS

Quand un pirate était blessé gravement à la jambe, le charpentier du navire la lui coupait. Souvent, il mourait, mais, s'il survivait, on pouvait remplacer la jambe manquante par une prothèse de bois. C'est ainsi que le corsaire français François le Clerc fut surnommé Jambe-de-Bois. Dans les livres et les films, il y a souvent des pirates unijambistes.

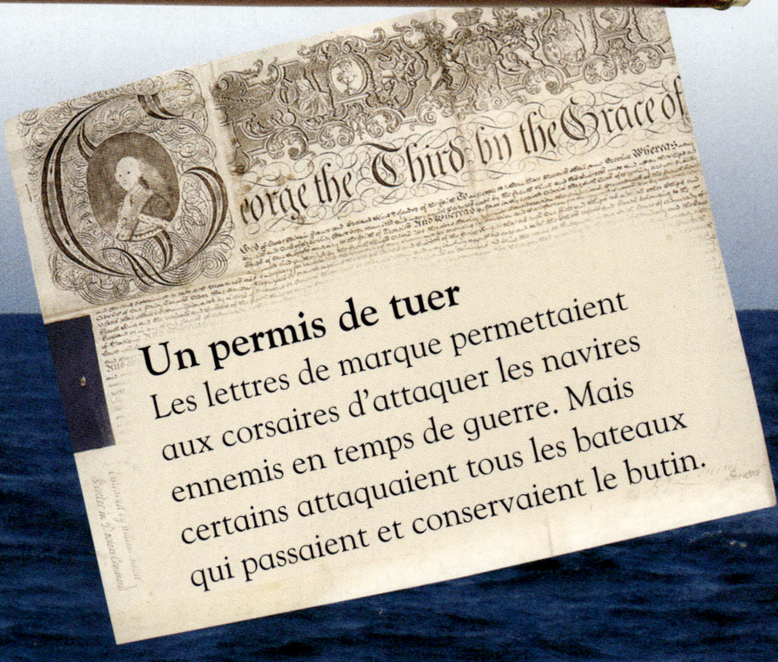

Un permis de tuer

Les lettres de marque permettaient aux corsaires d'attaquer les navires ennemis en temps de guerre. Mais certains attaquaient tous les bateaux qui passaient et conservaient le butin.

Redoutable *El Draque*

Les Espagnols craignaient Drake pour ses raids dévastateurs dans les ports de l'Empire espagnol. Ils l'appelaient *El Draque* selon la prononciation espagnole.

Le bateau de Drake, le Pelican, *fut rebaptisé* Golden Hinde *(« Biche d'or »).*

Il fallait quatre jours pour charger tous les trésors d'un galion espagnol sur ce bateau.

Le *Golden Hinde*

En 1580, Drake (1540-1596) est rentré en Angleterre à bord de son petit navire, le *Golden Hinde*. Il avait effectué le tour du monde, en pillant des navires en chemin. Son bateau était rempli d'épices et de richesses volées.

Les bateaux corsaires étaient plus petits, plus rapides et plus faciles à manœuvrer que les navires espagnols.

Ces navires emmenaient un équipage important afin de ramener les bateaux capturés.

Les boucaniers

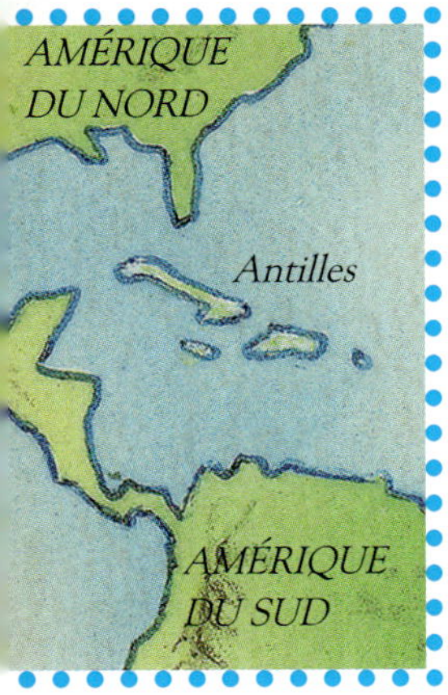

Au XVIIe siècle, dans les Antilles, des hors-la-loi, des esclaves fugitifs et des aventuriers constituèrent des bandes de boucaniers sans foi ni loi qui attaquaient les bateaux et les ports dans la région.

D'où vient leur nom ?

Les premiers boucaniers vivaient paisiblement de la chasse. Les Indiens Arawak leur avaient appris à construire des grils de bois appelés « boucans » pour fumer la viande et la conserver.

On vendait la viande séchée et les peaux aux bateaux de passage.

Ces pièces d'or s'appelaient des doublons.

Les pièces de huit

Les Espagnols ont transformé l'or et l'argent du Nouveau Monde en pièces de monnaie, que les boucaniers volaient et utilisaient. Pour disposer de petite monnaie, on coupait les pièces de huit en morceaux.

Sir Henry Morgan

Entre 1663 et 1671, ce capitaine gallois s'est attaqué avec audace aux colonies espagnoles avec un grand nombre de boucaniers. Anobli par le souverain anglais, il est devenu lieutenant général de la Jamaïque.

Des êtres assoiffés de sang

Certains boucaniers se sont rendus tristement célèbres par leur férocité. Un jour, L'Olonnais (1630-1671), un Français qui dirigeait la bande la plus cruelle, arracha le cœur d'un prisonnier espagnol.

Port Royal

Les boucaniers ont longtemps fait la loi dans les rues bruyantes de ce port de la Jamaïque, île conquise par les Anglais. Mais, après la mort de Morgan, c'est là que l'on jugeait et pendait les pirates capturés. Un tremblement de terre a détruit la ville en 1692.

Les Frères de la Côte

En 1630, les Espagnols ont attaqué les boucaniers d'Hispaniola. Ceux qui s'échappèrent sont devenus les «Frères de la Côte» et se sont installés sur l'île de la Tortue, où ils créèrent une sorte de république pirate.

Le pavillon noir

Les bateaux ont toujours arboré des drapeaux, qui indiquent à quel pays ils appartiennent, et parfois même leur destination. Mais le pavillon à tête de mort désigne uniquement les pirates.

Un motif funéraire

Il y a quatre cents ans environ, on représentait souvent un crâne et des os entrecroisés sur les pierres tombales pour évoquer la mort. Les pirates ont repris ces symboles funéraires et d'autres pour élaborer un pavillon menaçant destiné à effrayer les équipages des autres bateaux.

La tête de mort est apparue pour la première fois sur un pavillon pirate vers 1700.

Une invitation à se rendre

Les pirates hissaient le pavillon noir pour inviter le bateau poursuivi à se rendre sans combattre. S'il refusait de s'arrêter, ils hissaient alors un pavillon rouge pour indiquer qu'ils attaquaient. Cela signifiait un combat sans merci.

Une apparence changeante

Chaque capitaine pirate avait son propre drapeau. La tête de mort visible ci-dessus, surmontant deux sabres entrecroisés et non deux tibias, ornait le pavillon de Jack Rackham, un pirate des Antilles.

Rouge en signe de danger

Tous les pirates n'arboraient pas un pavillon noir – les plus redoutables hissaient un drapeau rouge indiquant qu'ils se montreraient sans pitié. En anglais, le surnom du pavillon rouge, *« Jolly Roger »,* dérive d'ailleurs du français « joli rouge ».

Les épées et les dagues évoquaient les armes favorites des pirates.

Les pavillons pirates évoquaient aussi parfois le diable.

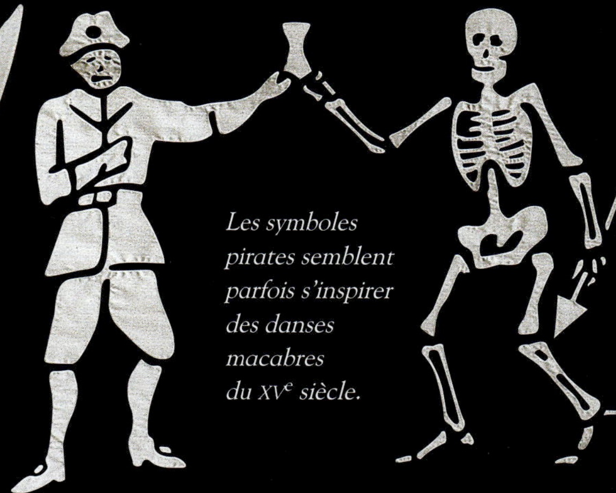

Les symboles pirates semblent parfois s'inspirer des danses macabres du XVe siècle.

Un toast à la mort

Le fameux Bartholomew Roberts a coulé plus de quatre cents navires au large de l'Afrique et des Antilles. Son pavillon le figurait en train de trinquer avec la Mort.

Le fil et l'aiguille

Le pavillon noir était fait sommairement. Il était peint ou cousu par le voilier de bord ou par n'importe quel marin sachant manier une aiguille.

Il flotte toujours

Attention ! le pavillon noir est encore utilisé aujourd'hui par les sous-marins anglais regagnant leur base. Cette tradition date de la Première Guerre mondiale : arboré par l'équipage d'un sous-marin ayant accompli sa mission avec succès, il indiquait aussi les événements survenus en mer, comme le nombre de navires ennemis coulés.

La « tournée piratière »

Au XVIIe siècle, le commerce par voie maritime se développe entre l'Europe et l'Inde ou la Chine. Les pirates s'attaquent alors dans l'océan Indien aux riches vaisseaux des compagnies des Indes.

La « tournée piratière »

Les riches chargements se faisant rares dans les Antilles, des pirates, armés par des hommes d'affaires d'Amérique du Nord, parcouraient des milliers de kilomètres, jusqu'à l'océan Indien, pour y attaquer les navires de commerce entre l'Europe et l'Asie.

L'île tropicale inexplorée de Madagascar offrait un refuge idéal aux hors-la-loi.

Un repaire idéal

Madagascar constituait une base idéale pour les pirates. L'île, peu peuplée, regorgeait de vivres et d'eau douce, et les bateaux de commerce passaient à proximité.

Le radoub

Les pirates avaient besoin de plages sûres pour ôter les algues et les balanes accrochées à la coque de leurs bateaux et colmater les trous.

Un pirate célèbre

Le pirate américain Thomas Tew a inauguré la « tournée piratière ». À son retour, tout le monde a voulu connaître ses aventures.

Lors de l'attaque d'un bateau indien, Tew a été tué par un cimeterre (sabre) asiatique semblable à celui qui figurait sur son pavillon !

Depuis très longtemps, des pirates de la région attaquaient les navires marchands arabes et indiens.

Les navires des Compagnies des Indes, gréés en carré, étaient conçus pour de longs voyages.

Les vaisseaux des Compagnies des Indes

Ces bateaux marchands européens partaient vers l'Asie chargés d'or et d'argent. Au retour de Chine ou d'Inde, leurs vastes cales étaient remplies de porcelaines, de soieries, d'épices, d'ivoire et de thé.

À l'attaque !

Quand un navire refusait de se rendre aux pirates, il prenait le risque d'être attaqué. Les coups de canon tirés du bateau pirate marquaient le début du combat.

Boum !
En touchant les flancs de bois du navire attaqué, les boulets envoyaient sur le pont une pluie d'éclats de bois meurtriers. Les coups de canon servaient à ralentir le navire ennemi.

Ce canon du XVIIIe siècle est posé sur un pivot circulaire. On le relevait ou on l'abaissait pour ajuster le tir en déplaçant la cale.

Cale en bois

Deux boulets de canon enchaînés pouvaient arracher les mâts et les voiles.

Pour bien viser avec un fusil, il fallait que la mer soit calme.

Le corps-à-corps

Dans le nuage de fumée créé par la poudre à canon, les pirates armés jusqu'aux dents donnaient l'assaut au navire ennemi en hurlant et en proférant des menaces. S'ensuivait alors un féroce corps-à-corps.

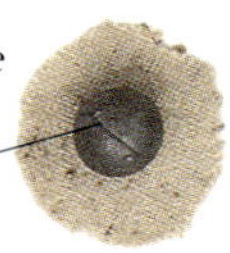

Balle enveloppée d'une bourre de tissu

Boîtes à bourre

En joue, feu !

Avant l'abordage, un bon tireur tuait le timonier du navire ennemi d'un coup de mousquet. Pendant l'abordage, après avoir tiré un unique coup de pistolet, on frappait avec la crosse. Le mousquet s'utilisait à bout portant.

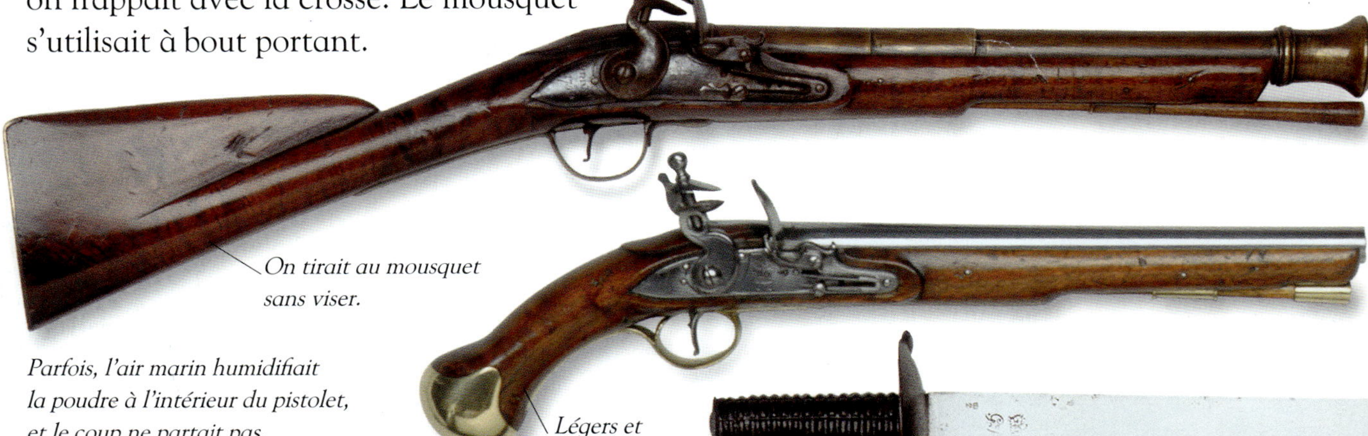

On tirait au mousquet sans viser.

Parfois, l'air marin humidifiait la poudre à l'intérieur du pistolet, et le coup ne partait pas.

Légers et faciles à porter, les pistolets étaient longs à charger.

Le sabre d'abordage

La lame courte et large du sabre d'abordage était idéale pour combattre sur un navire. Plus longue, elle se serait prise dans les gréements.

Les pirates utilisaient leurs canons encore une fois avant l'abordage.

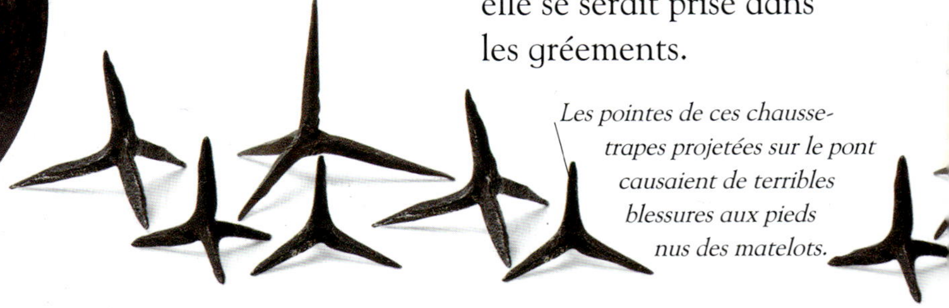

Les pointes de ces chausse-trapes projetées sur le pont causaient de terribles blessures aux pieds nus des matelots.

Baguette servant à charger la balle dans le canon.

L'attaque à la hache

Quand ils attaquaient un gros navire, les pirates escaladaient ses flancs à l'aide de leur hache. Puis, sur le pont, ils s'en servaient pour couper les cordages des voiles.

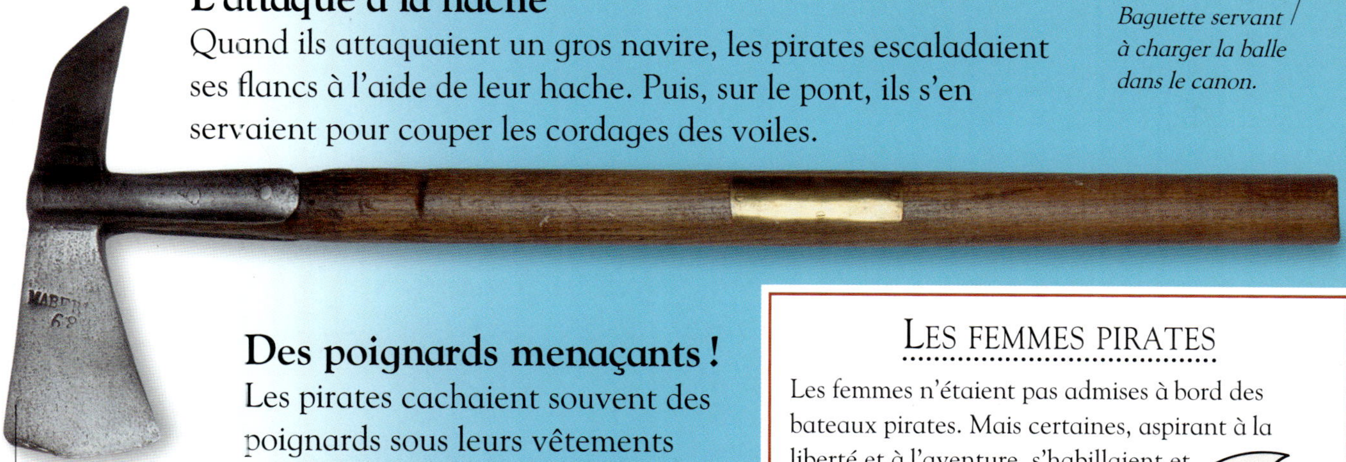

La lame affûtée d'une hache coupait des cordes aussi grosses qu'un bras.

Des poignards menaçants !

Les pirates cachaient souvent des poignards sous leurs vêtements pour attaquer par surprise. Ces petites armes meurtrières étaient utiles sur les ponts inférieurs, trop exigus pour y manier l'épée.

LES FEMMES PIRATES

Les femmes n'étaient pas admises à bord des bateaux pirates. Mais certaines, aspirant à la liberté et à l'aventure, s'habillaient et se comportaient en hommes ; elles se battaient souvent avec plus d'acharnement qu'eux. Mary Read et Anne Bonny, qui faisaient partie de l'équipage de Jack Rackham, ont été les seules à combattre pour empêcher la capture de leur bateau en 1720.

Le poignard avait un fourreau.

Sabordé !

Vers 1630, le pirate Davy Jones a envoyé par le fond un bateau qu'il avait capturé parce qu'il n'était plus en état de naviguer. Les boulets coulaient rarement les gros navires de commerce.

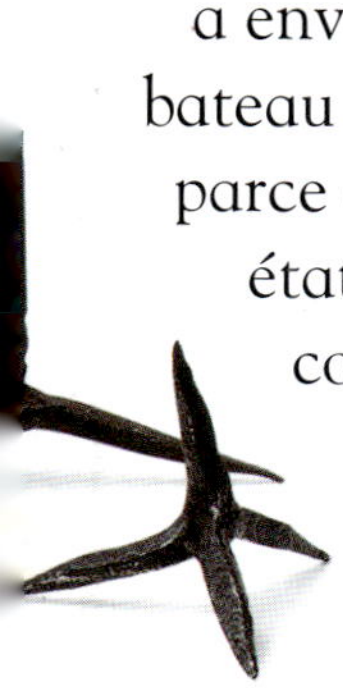

Une vie de pirate

Se battre et piller, c'était très excitant, mais, entre deux attaques, les pirates risquaient de s'ennuyer ferme et de devenir irritables à bord de leurs bateaux exigus.

L'entretien du bateau

Beaucoup de membres de l'équipage étaient constamment occupés, car il fallait entretenir les voiles et les cordages pour naviguer, ainsi que réparer les équipements endommagés et nettoyer les armes.

Les pirates mangeaient leurs biscuits de marins tout secs dans le noir pour ne pas y voir grouiller les insectes.

L'alimentation des pirates était peu variée et peu appétissante.

L'alimentation

On embarquait souvent des poules pour avoir des œufs et de la viande fraîche à bord. On pêchait des poissons et, dans les Antilles, on attrapait des tortues. L'eau potable devenant vite imbuvable, on buvait de la bière ou du vin.

À retenir

Sentine La partie la plus profonde du bateau, où l'eau suinte et s'accumule.

Palans Poulies servant à hisser les voiles.

Nid-de-pie Plate-forme de guet proche du sommet du mât.

La vie sous le pont

L'espace, à l'intérieur des bateaux, était exigu, humide et crasseux. Sous le pont régnait une odeur d'eau croupie, de goudron et de saleté. Dans l'obscurité, les pirates rêvaient de la terre.

Pièces de huit

Dé

Cartes à jouer

Les rats grouillaient et mangeaient souvent les vivres.

« Yo ho ho…

En général, les jeux d'argent étaient interdits à bord pour éviter les bagarres. En revanche, dans les ports, les pirates pouvaient dépenser leur part de butin comme ils l'entendaient.

Ces gros tonneaux s'appellent des barriques.

… et une bouteille de rhum ! »

Les pirates assoiffés étaient accueillis à bras ouverts dans les tavernes des ports. Leurs chopes de bière, de vin ou de rhum ne désemplissaient pas. À terre, les pirates étaient souvent ivres.

Débarqué sur une île déserte

Certains équipages pirates se conformaient à bord à un code de conduite et votaient. Si l'un des pirates enfreignait les règles, par exemple s'il détroussait un compagnon ou s'il désertait pendant l'attaque, il était abandonné sur une île déserte.

Le naufragé

Un pirate abandonné ou échoué sur une île déserte avait peu de chances de s'en sortir ou d'être secouru. Si l'île n'offrait pas d'eau douce ni d'abri, il était promis à une mort lente et atroce.

Pistolet utile pour éloigner les bêtes sauvages

Impuissant, un pirate débarqué sur une île déserte voyait son bateau repartir.

À retenir

Règles pirates :

- Chacun dispose d'une voix pour les décisions importantes.
- Chacun a droit à la même ration de nourriture et de boisson.
- Il faut éteindre les chandelles à huit heures le soir.

Quelques rares provisions

On laissait juste au pirate abandonné les vêtements qu'il portait, une petite bouteille d'eau, un pistolet ou un mousquet, quelques balles et un peu de poudre. Il devait trouver de quoi manger et boire pour survivre.

Bouteille avec une ration d'eau d'une journée

Balles de mousquet

Poudre

Les châtiments pirates

Les pires châtiments infligés aux prisonniers ou aux pirates ayant enfreint les règles étaient le fouet ou la condamnation à mort par fusillade ou par pendaison. Les histoires de prisonniers subissant le supplice de la planche – forcés de sauter dans la mer du bout d'une planche – sont des légendes.

Le vrai Crusoé

Robinson Crusoé fut inspiré à Daniel Defoe par l'histoire d'Alexander Selkirk, qui a vécu de 1704 à 1709 seul sur une île avant d'être secouru. On dit qu'il avait même appris aux chats sauvages et aux chèvres à danser.

Edward England était un capitaine pirate anglais.

Les naufrages

Les pirates pouvaient aussi s'échouer si leur bateau faisait eau ou s'il s'écrasait sur les rochers parce qu'ils étaient trop ivres pour le piloter. Leur seul espoir était le passage d'un bateau.

Trop gentil

L'équipage d'England avait décidé de l'abandonner parce qu'il traitait trop bien un prisonnier. On l'a laissé sur l'île Maurice avec deux autres pirates. Ils ont construit un bateau et ont réussi à rejoindre Madagascar.

Les pirates de l'océan Indien

Certains pirates de l'océan Indien sont devenus très célèbres, comme l'Anglais Every et le Français Surcouf. Les fortunes qu'ils ont amassées les ont fait entrer dans la légende.

Le fort Rouge de Delhi était l'un des palais des empereurs moghols.

Le Grand Moghol

L'empereur de l'Inde du Nord, Aurangzeb, était très pieux et très riche. Chaque année, ses bateaux transportant des pèlerins, et des richesses faisaient l'aller-retour entre Surat, en Inde, et La Mecque.

L'« Archipirate »

Le pirate anglais Henry Every est devenu célèbre pour s'être emparé des incroyables richesses du *Gang-i-Sawai,* un bateau du Grand Moghol, de retour de La Mecque.

Précieuses soieries

Bijoux étincelants

Pierres précieuses telles que des rubis

Le butin

Il n'était pas toujours facile de partager équitablement les pierres précieuses raflées dans les bateaux indiens. Chaque homme recevait une part, et le capitaine deux.

Le pavillon d'Every

Le bateau d'Every, le *Fancy,* arborait une variation sur le motif de la tête de mort. Le bandana et l'anneau d'oreille sont devenus des éléments populaires du costume de pirate.

À retenir

- Henry Every est aussi connu sous les noms de John Avery et de Benjamin Bridgeman.
- En 1694, il a dirigé une mutinerie et est devenu capitaine de pirates.
- Il aurait dilapidé ses richesses et serait mort pauvre.

Un pirate malchanceux

Après l'agression d'Henry Every contre sa flotte, le Grand Moghol, furieux, a menacé de ne plus commercer avec les Anglais.

Respectable…

D'origine écossaise, William Kidd était un capitaine et un armateur respecté qui vivait à New York. En 1695, le roi d'Angleterre le chargea de faire la chasse aux pirates dans l'océan Indien.

On ne sait toujours pas où Kidd a enterré son butin.

… puis traître

Plutôt que de pourchasser les pirates, Kidd, sous la pression de son équipage, a plutôt attaqué et pillé des navires marchands, en particulier l'énorme *Quedagh Merchant.*

La tradition prétend qu'on laissait un mort sur place pour protéger le butin enfoui.

Un trésor enfoui

Kidd, qui avait enterré en grande partie son trésor, n'a pas avoué tout ce qu'il avait volé. On a découvert une seule de ses cachettes, à Gardiner Island, près de New York.

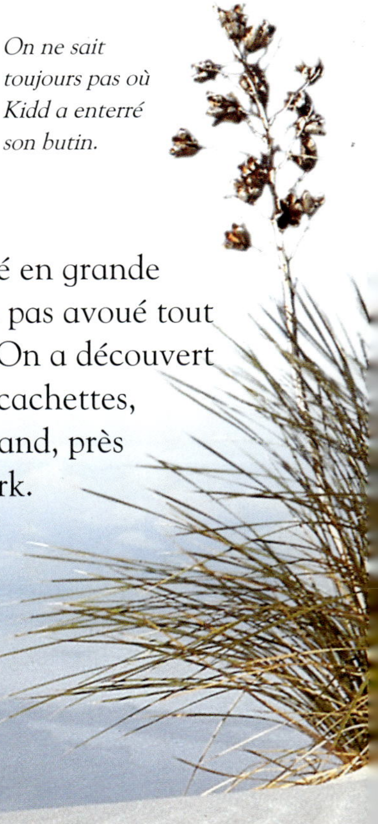

Les portes de la prison de Newgate, à Londres, où Kidd est resté plus d'un an avant son procès.

À retenir

- Le navire de Kidd avait trente-quatre canons et cent cinquante hommes d'équipage.
- Après s'être emparé du *Quedagh Merchant,* Kidd a regagné l'Amérique à son bord.
- Il a rebaptisé le navire capturé l'*Adventure Prize.*

Le procès de Kidd s'est déroulé à Londres en mai 1701.

Le procès

Lors du procès, Kidd a déclaré que son équipage l'avait forcé à piller les navires. L'équipage l'ayant nié, Kidd a été condamné à la pendaison pour piraterie.

La capture

La trahison de Kidd a irrité encore plus l'empereur moghol. De retour à New York, le pirate a été arrêté et envoyé en prison en Angleterre.

La pendaison

En 1701, Kidd a été pendu à Londres. Son corps maintenu par des chaînes est resté accroché pendant des années dans le port de Londres pour dissuader les candidats à la piraterie.

L'existence de cartes indiquant à l'aide d'une croix l'emplacement des trésors enfouis est une légende.

Le châtiment

Les pirates capturés et reconnus coupables étaient généralement exécutés. Et les corsaires, emprisonnés dans des conditions horribles, avaient peu de chances d'être libérés.

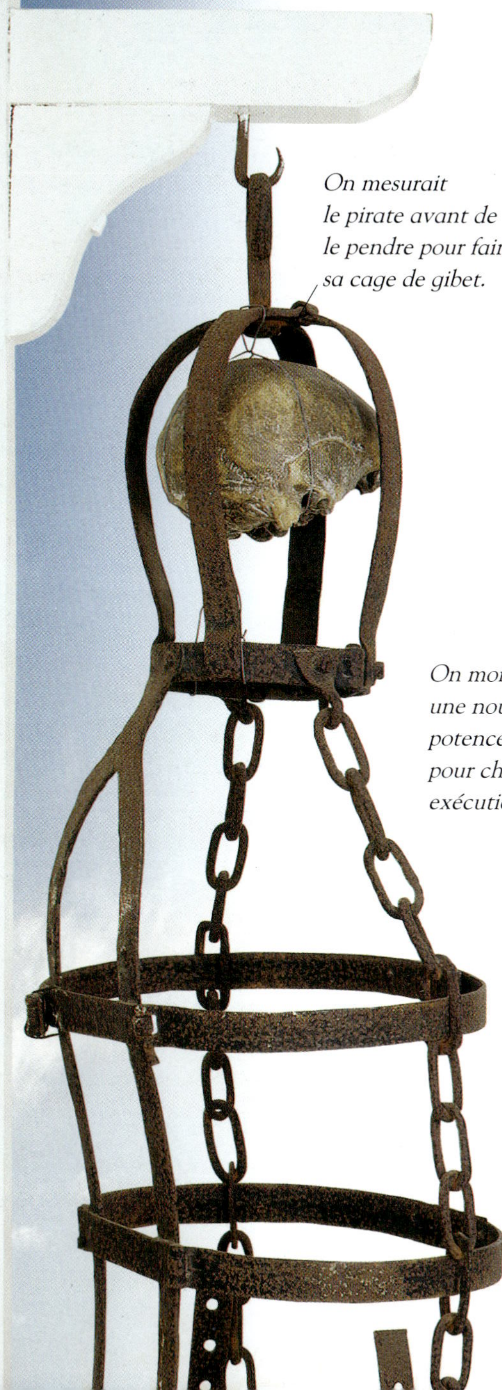

On mesurait le pirate avant de le pendre pour faire sa cage de gibet.

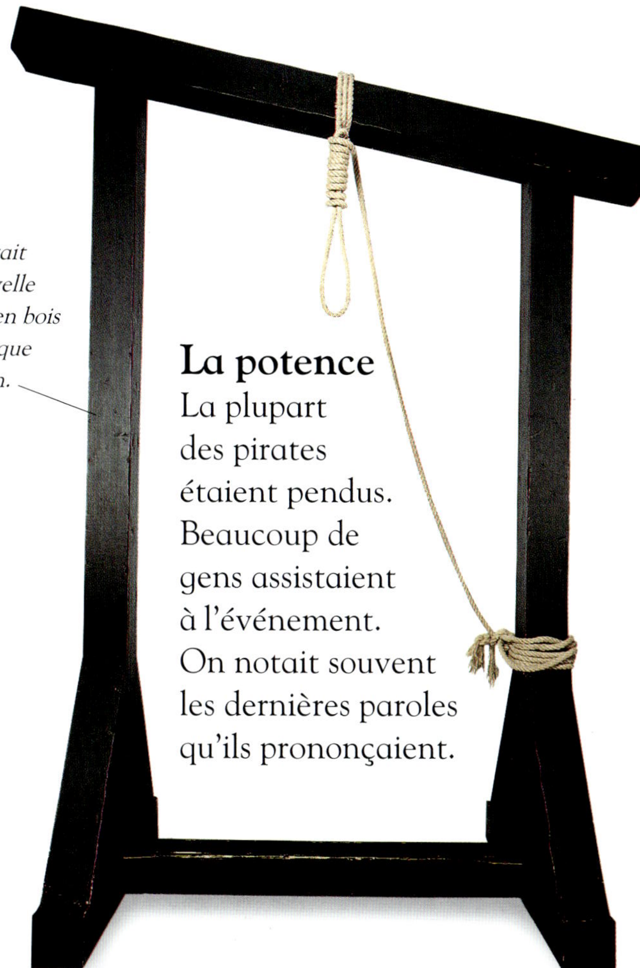

On montait une nouvelle potence en bois pour chaque exécution.

La potence
La plupart des pirates étaient pendus. Beaucoup de gens assistaient à l'événement. On notait souvent les dernières paroles qu'ils prononçaient.

À retenir

Collier de chanvre
Le nœud coulant de la corde de chanvre que le bourreau passait au cou du pirate condamné.

« Danser une dernière gigue » Cela veut dire : être pendu !

La vie en prison

Les prisons étaient surpeuplées, humides et très insalubres. Les prisonniers payaient les chandelles et la nourriture. Les plus riches soudoyaient les geôliers pour avoir une meilleure cellule.

Les cages de gibet

On exposait les corps des pirates pendus en guise d'avertissement. Ils étaient placés dans une cage ajustée qui maintenait les os en place quand la chair s'était décomposée. On enduisait certains corps de goudron pour les conserver plus longtemps.

Un forgeron fabriquait la cage.

Les chaînes

En prison ou pendant leur transfert, les pirates portaient de lourdes chaînes de métal aux poignets et aux chevilles qui les empêchaient de s'enfuir.

Menottes et clés

Les pontons, des geôles flottantes

Pour enfermer plus de criminels, les Anglais ont transformé de vieux bateaux en abominables geôles flottantes, les pontons, où les prisonniers recevaient une nourriture avariée. Les corsaires français redoutaient d'y être enfermés.

Des soldats gardaient les pontons.

De minuscules fenêtres laissaient entrer peu d'air.

On mettait le linge à sécher dehors.

Le roi des pirates

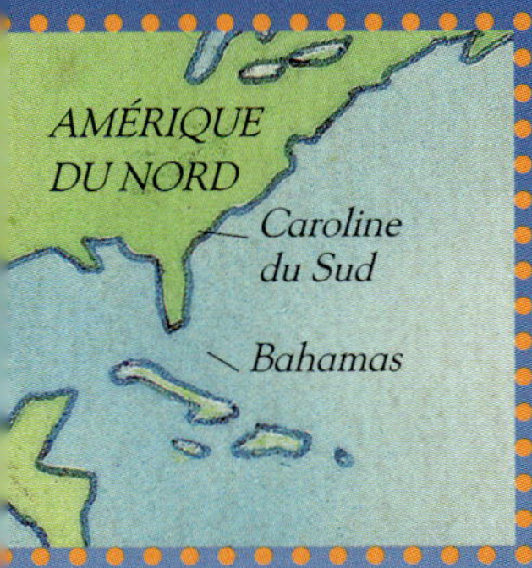

Au début du XVIIIe siècle, les Bahamas ont servi de base à une nouvelle génération de pirates des Antilles.

Le chef pirate le plus terrifiant de cette époque était surnommé Barbe-Noire.

De cette tour, les Danois repéraient les bateaux ennemis entrant dans le port.

Le château de Barbe-Noire

La tour de Skytsbord, construite par les Danois en 1679 sur le point culminant de Saint Thomas, dans les îles Vierges américaines, est aujourd'hui surnommée le château de Barbe-Noire. On dit qu'elle lui servait à repérer les bateaux.

À retenir

- C'était un Anglais nommé Edward Teach (ou Drummond, ou Thatch, ou Tash).
- De nombreuses histoires évoquent ses actes de cruauté.
- Il a juste fait régner la terreur pendant deux ans, mais il est devenu légendaire.

Le diable avec un sablier

Le bateau de Barbe-Noire, le *Queen Anne's Revenge,* arborait ce pavillon. Il signifiait que le temps était compté pour ses ennemis. À sa vue, beaucoup de navires se rendaient aussitôt.

Le chanvre était trempé dans du salpêtre qui fumait une fois allumé.

Effrayant

Avant le combat, Barbe-Noire mettait sous son chapeau des mèches de chanvre enduites de salpêtre, qu'il allumait. Il apparaissait ainsi dans un épais nuage de fumée noire pour effrayer ses adversaires.

Il portait six pistolets, deux épées et plusieurs couteaux. Même son équipage le craignait.

Vols de médicaments

En 1718, Barbe-Noire a fait le blocus de Charleston, en Caroline du Sud, et enlevé un conseiller municipal et un enfant, qu'il a échangés contre une caisse de médicaments.

On prenait toujours la malle du médecin du bateau capturé.

Les pirates volaient tout, y compris les médicaments dont ils avaient besoin.

La tête de Barbe-Noire a été accrochée au vaisseau de Maynard, le Pearl.

La fin d'une époque

En 1718, la flotte anglaise a finalement déniché Barbe-Noire à Ocracoke, un îlot de Caroline du Nord. Le lieutenant Maynard l'a tué à l'issue d'un duel mémorable.

Les pirates d'Extrême-Orient

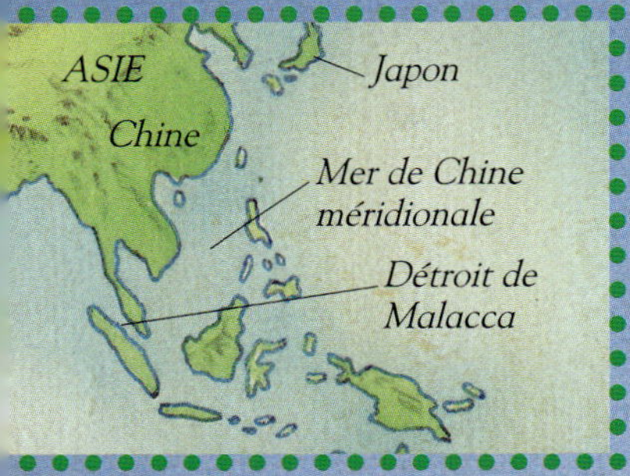

Pendant des siècles, des pirates redoutables ont menacé les bateaux et les ports en Extrême-Orient. De petits groupes aux embarcations rapides et légères se cachaient dans les mangroves, et des flottes importantes et bien armées écumaient les mers.

En général, les jonques avaient trois mâts et quatre voiles latérales.

Les premières jonques avaient des voiles en bambou tressé.

Les jonques pirates

Les jonques de commerce armées de dix à vingt canons devenaient de redoutables embarcations pirates. À partir du XVIIe siècle, les marines chinoise et japonaise ont été impuissantes face aux grandes flottes de jonques pirates.

Des pavillons très colorés

Les grandes flottes pirates étaient divisées en groupes ayant chacun son propre pavillon coloré, sur lequel figurait parfois la déesse T'ien Hou, vénérée par les pirates.

Les armes

Les pirates chinois se battaient au corps-à-corps avec une longue épée lourde, les pirates japonais avec une épée plus courte dans chaque main.

Tenue à deux mains, la longue lame pouvait entailler une armure de métal.

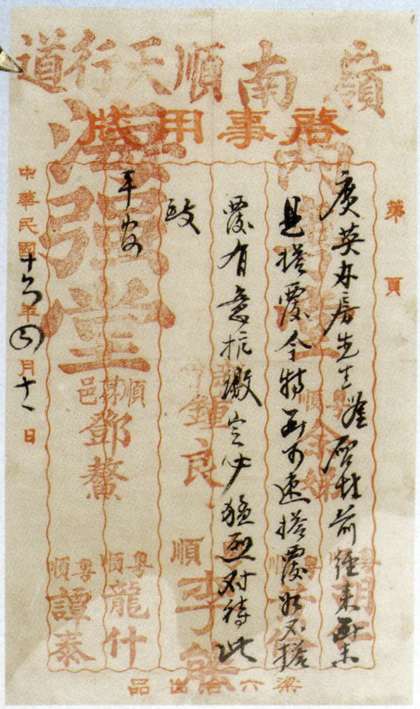

Des croquemitaines

Les navires marchands européens qui empruntaient le détroit de Malacca étaient souvent attaqués par de sanguinaires pirates locaux, les Bugi. En anglais, leur nom, transmis et déformé au fil des histoires que les marins racontaient aux enfants une fois rentrés en Europe, est devenu un synonyme de « croquemitaine » *(bogeyman)*.

Le racket

Les pirates chinois du XIXe siècle se faisaient payer pour ne pas attaquer les navires, détruire les villes côtières ou réduire les villageois en esclavage.

L'élimination

Chui Apoo rejoignit la flotte du puissant chef pirate Shap'n'gtzai en 1845. Mais cette flotte fut finalement détruite en 1849 par les canonnières britanniques.

Les pirates d'aujourd'hui

Les pirates existent toujours. Certains bandits modernes se servent des armes et des technologies les plus avancées pour effectuer leurs raids audacieux.

Rapide comme l'éclair

Quand les bateaux doivent ralentir pour emprunter d'étroits chenaux, ils courent davantage le risque d'être attaqués par des pirates se déplaçant dans des embarcations à moteur ultrarapides.

Bien armés, les pirates disposent de mitrailleuses et de mortiers.

Les pirates montent à bord à l'aide de grappins, de cordes ou de perches.

À retenir

- Il y a eu trois cent soixante-dix attaques pirates en 2002.
- La plupart ont eu lieu dans les eaux indonésiennes.
- On attaque surtout les bateaux à l'ancre.
- Il y a eu vingt-cinq détournements en 2002.

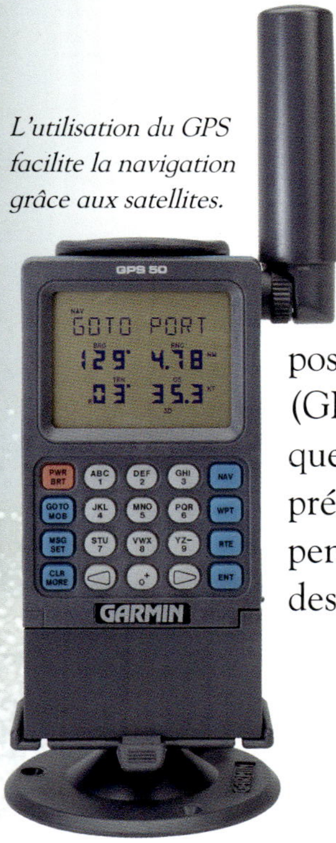

L'utilisation du GPS facilite la navigation grâce aux satellites.

La technologie

Des bandes bien organisées repèrent les bateaux grâce à la radio, au radar et au système de positionnement global (GPS). Elles s'emparent quelquefois des précieuses cargaisons pendant le sommeil des équipages.

Le Centre d'information sur la piraterie enquête sur les attaques de pirates dans le monde entier.

Avions et hélicoptères surveillent la mer.

L'entraînement simule une véritable attaque.

Contrer les pirates

Des forces spéciales bien équipées et les gardes-côtes sont formés pour combattre la piraterie.
On encourage les bateaux à être toujours en alerte et à rester en permanence en contact radio.

Les détournements

Certains pirates s'emparent d'un bateau et créent un « navire fantôme » : ils le repeignent, le rebaptisent et le dotent de faux documents. Puis ils proposent leurs services et vendent les cargaisons à leur profit.

L'argent servant à payer l'équipage est à l'abri dans le coffre-fort du bateau.

Perceurs de coffres

Les pirates s'attaquent surtout aux navires marchands ou aux yachts de luxe. Ils se hâtent de prendre l'argent ou les objets précieux des passagers avant de s'enfuir.

Glossaire

Voici quelques définitions de mots utiles
pour partir à la découverte du monde des pirates.

Balane Petit mollusque se fixant sur les rochers et la coque des bateaux.

Bandana Grand mouchoir coloré parfois noué sur la tête.

Biscuits de marins Biscuits très secs emportés sur les bateaux.

Blocus Fait d'interdire l'entrée ou la sortie d'un port aux bateaux et aux marchandises.

Boucanier Pirate actif dans les Antilles au XVIIe siècle.

Butin Ensemble de biens volés ou obtenus par la violence.

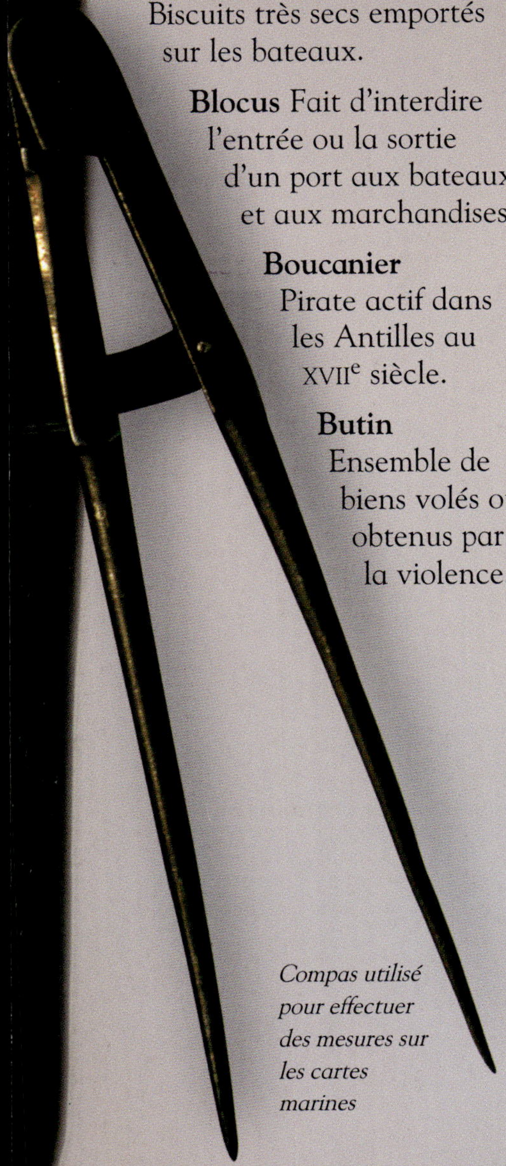

Compas utilisé pour effectuer des mesures sur les cartes marines

Cage de gibet Structure en métal qui servait à exposer les cadavres des pendus.

Cale Partie du navire où l'on stocke des marchandises.

Canonnière Bateau de guerre à vapeur utilisé au XIXe siècle.

Caravelle Petit bateau à trois mâts utilisé par les Espagnols et les Portugais au XVe siècle et au début du XVIe siècle.

Cargaison Ensemble des marchandises transportées par un navire.

Convoi Groupe de bateaux se déplaçant sous la protection de navires armés.

Coque Élément principal de la structure d'un navire.

Corsaire : 1. Pirate actif dans la Méditerranée entre le XVe et le XVIIIe siècle ; 2. Capitaine ou armateur ayant reçu de son pays l'autorisation d'attaquer les navires ennemis dans l'Atlantique ou l'océan Indien aux XVIIe et XVIIIe siècles.

Détourner Prendre le contrôle d'un bateau par la force et l'utiliser à son profit.

Doublon Pièce d'or espagnole.

Drakkar Bateau des Vikings.

Épices Plantes utilisées pour assaisonner et conserver les aliments.

Exécution Châtiment d'un criminel consistant à le mettre à mort.

Galère Bateau à rames et à voiles utilisé dans la Méditerranée.

Boussole

Galion Gros bateau à voiles carrées utilisé par les Espagnols aux XVIe et XVIIe siècles.

Goudron Épaisse substance noire et poisseuse utilisée pour boucher les trous et préserver les objets.

Astrolabe, instrument permettant de calculer sa position

Gréement Cordages servant à soutenir les mâts et les voiles.

Hors-la-loi Personne vivant sans respecter les lois.

Jonque Bateau à voiles latérales traditionnel en Extrême-Orient.

Kidnapper Emmener une personne de force.

Lettres de marque Documents officiels fournis par un État aux corsaires.

Manœuvrer Faire changer un bateau de position.

Marchand Personne qui achète et vend des marchandises.

Mousquet Arme à feu portative des XVIe et XVIIe siècles.

Pavillon noir Drapeau des pirates.

Pièces de huit Pièces espagnoles en argent que les pirates pouvaient couper en morceaux.

Piller S'emparer de marchandises ou de biens par la force.

Piloter Prévoir et diriger l'itinéraire d'un bateau à l'aide de cartes et d'instruments.

Pistolet Arme à feu légère à canon court.

Potence Structure en bois servant à pendre des criminels.

Quille Pièce de bois située au fond de la coque d'un navire.

Racket Pratique consistant à obliger des gens à verser de l'argent en les terrorisant ou en les intimidant.

Radoub Entretien ou réparation de la coque d'un navire.

Raid Attaque surprise d'un bateau ou d'un endroit pour dérober des marchandises.

Rais Capitaine de bateau chez les corsaires barbaresques.

Rançon Somme réclamée pour libérer une personne capturée.

Rapière Longue épée droite à lame étroite et pointue.

Saborder Couler volontairement un navire.

Sabre d'abordage Épée courte utilisée par les marins.

Se rendre Cesser le combat et se soumettre à l'adversaire.

Taverne Local où l'on sert à boire.

Viking Guerrier et marchand scandinave du VIIIe au XIe siècle.

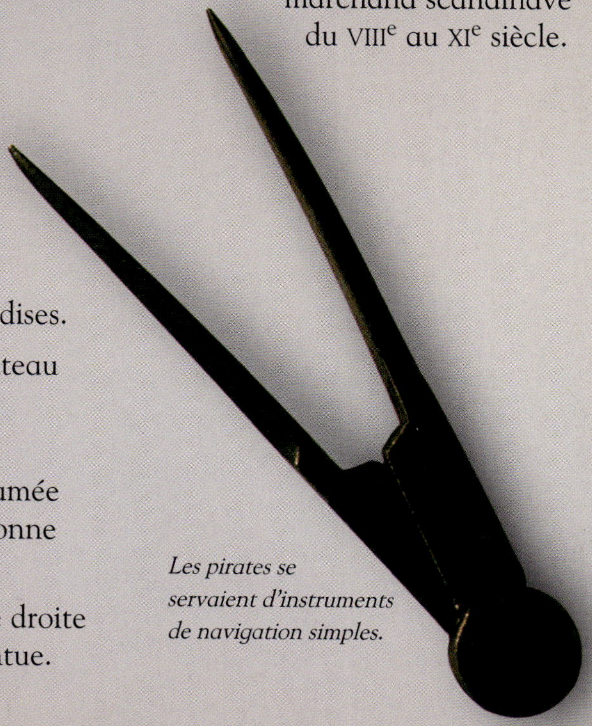

Les pirates se servaient d'instruments de navigation simples.

Index

Remerciements
Dorling Kindersley remercie Sarah Mills pour ses services documentaires.
Crédits photographiques
L'éditeur remercie les personnes suivantes de l'avoir autorisé à reproduire leurs photographies/images :
h = haut ; c = centre ; b = bas ; g = gauche ; d = droite
akg-images : 16cdh, 16cg, 17chd. **Alamy Images :** Paul Gapper 12-13 ; Hemera Technologies 45bd ; Trevor Smithers ARPS 30hd. **The Art Archive :** 9bd, 37bd, 43bg ; Dagli Orti (A) 14hc ; Collection privée/Eileen Tweedy 36hg. **Corbis :** Blue Lantern Studio 36cd ; Bob Krist 6bd ; Bruce Adams ; Eye Ubiquitous 40 ; Danny Lehman 21hg ; Fukuhara, Inc. 3 ; Historical Picture Archive 17cgb ; Jim Erickson 16cdb ; Joel W. Rogers 1, 19 ; Lindsay Hebberd 34-35b ; Nik Wheeler 42 ; Reuters 17hg, 45c, 48c ; Richard T. Nowitz 4cg, 5hg, 30g, 46-47 ; Sergio Pitamitz 32 ; Sygma 26-27 ; Sygma/Cailleux Sébastien 24cg ; Ted Spiegel 11 ; Wolfgang Kaehler 33bd. **DK Images :** © Judith Miller/DK/Freeman's 31bd ; © St Mungo, Glasgow Museums 12cdh ; British Museum, Londres 2hcg, 9hg, 9hd, 9bg, 9hc, 9c, 10hd, 11hcg, 17bcg, 17bcd, 18cal, 20bg, 25bd, 31hg ; Avec l'aimable autorisation de Board of Trustees of the Royal Armouries 28bd ; Avec l'aimable autorisation du musée de Saint-Malo, France 18cb, 18cg, 26bg, 39d ; National Maritime Museum, Londres 10cdb, 10bg, 12bc, 14cd, 18hg, 24-25b, 26bc, 28ch, 28cal, 28c, 28cdb, 28bg, 28-29h, 28-29cb, 29cgb, 29ch, 30cbd, 32-33c, 33cga, 38cd, 41cdh, 42bg, 43c, 43g ; Musée national danois 10cdh, 11hg, 11hc ; Michel Zebe 17bd ; Museum of London 30cdb, 31ch, 35d ; Museum of the Order of St John, Londres 14bc, 14bcg, 14bg, 14cbg ; Rye Town Council 38-39b, 39hg. **Empics Ltd :** EPA European Press Agency 45hc. **Mary Evans Picture Library :** 6cg, 7bg, 12bd, 20d, 21hd, 22cg, 37c. **Kevin Fleming Design and Photography :** 8. **Getty Images :** David Hiser 5 ; JIMIN LAI/AFP 44b ; Steve Liss/Time Life Pictures 4bg, 4bc. **Tory Gordon-Harris :** 16bc. **Sonia Halliday Photographs :** 7hc, 8cd. **Lonely Planet Images :** Eoin Clarke 15. **Museum Of London :** 37hg, 38hd. **© National Maritime Museum, Londres :** 4-5c, 7hd, 13b, 18bd, 21b, 24bc, 43bd. **Peter Newark's Military Pictures :** 6cb, 19hg, 41bg, 41bd. **Richard Platt :** 22hg. **Powerstock :** Ross Armstrong 29.

Rex Features : Everett Collection 4hg. **Topfoto.co.uk :** 2g ; 2004 Fotomas 13cg ; The British Library /HIP 34hd. **Zefa Visual Media :** Masterfile/Randy Miller 44ch.
Autres images © Dorling Kindersley
Crédit de couverture : **Dorling Kindersley** sauf 1er plat : **Masterfile**, c ; **Dale Wilson/Masterfile**, bandeau gauche ; **Bryan Sytnyk/Masterfile**, hg ; 4e plat : **Dale Wilson/Masterfile**, bandeau droite ; **Corbis/Nick Wheeler**, hg.

Édition originale publiée en Grande-Bretagne en 2005 par Dorling Kindersley Limited, sous le titre : *Eye Wonder : Pirate*

Responsable éditorial Thomas Dartige
Réalisation de l'édition française : ML Éditions, Paris, sous la direction de Michel Langrognet, Traduction Pascal Varejka, Suivi éditorial Anne Papazoglou-Obermeister, Correction Christiane Keukens
Couverture Christine Régnier et Aubin Leray, Iconographe Anaïck Bourhis, Photogravure de couverture Scan +, Edition Eric Pierrat et Françoise Laurent, Relecture Isabelle Haffen, Site Internet associé : Bénédicte Nambotin, Ariane Michaloux, Eric Duport.

ISBN : 978-2-07-061432-5

Loi n° 49-956 du 16 juillet 1949 sur les publications destinées à la jeunesse.
Premier dépôt légal : octobre 2007
Dépôt légal : décembre 2009
Numéro d'édition : 172747
Imprimé par LEGO en Italie